Yours to Keep

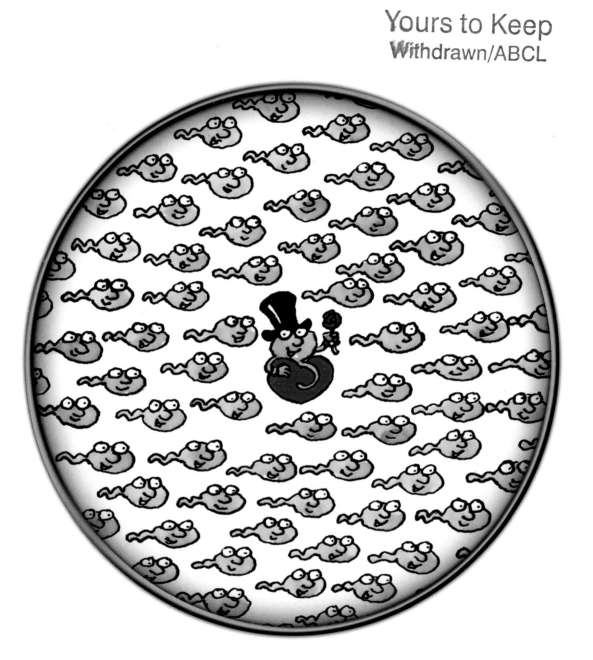

Peter Mayle

¿QUÉ ME ESTÁ PASANDO?

Ilustraciones de Arthur Robins

Las respuestas a algunas de las preguntas
más embarazosas del mundo

Traducción: Elena García-Aranda

© del texto: Peter Mayle, 1975
© de las ilustraciones: Arthur Robins, 1975
© del diseño: Paul Walter, 1975
© de la traducción: Elena García-Aranda, 2013
© MAEVA EDICIONES, 2013
  Benito Castro, 6
  28028 Madrid
  emaeva@maeva.es
  www.maeva.es

ISBN: 978-84-15120-41-4
Depósito legal: M-8.819-2013

Fotomecánica: Gráficas 4, S. A.
Impresión y encuadernación: Huertas, S. A.
Impreso en España / Printed in Spain

Este libro es para todos los que
estáis pasando por la difícil etapa
de la adolescencia.
Esperamos que os ayude
a sobrellevarla.

Todo el mundo pasa por esto. Pero nadie habla del tema

No dejes que nadie te líe.

Todo el mundo dice que la infancia y los años de colegio son la época más feliz de la vida. Pero eso no es del todo cierto.

La etapa que va entre los diez y los catorce años puede ser muy divertida, pero, desde el punto de vista físico, van a ser probablemente los años más desconcertantes de toda tu vida.

Esto se debe a que te estás transformando de niño a adulto. Vas a vivir grandes cambios, tanto físicos como mentales.

*Aunque ya no eres un niño, todavía no eres un adulto.
Este libro trata de esa etapa intermedia.*

Cuando comienzan estos cambios, quizá te resulte difícil entenderlos y adaptarte a ellos. Y todo se complica, porque nadie habla mucho sobre estos temas.

Puede que tus padres hayan olvidado lo que significaba tener tu edad y tus problemas.

Los profesores, muchas veces, están demasiado ocupados con sus clases como para explicártelos. Y tus amigos, que a lo mejor van de listillos, generalmente no saben de estas cosas mucho más que tú.

Por eso este libro te puede ser muy útil.

No resolverá todos tus problemas y es posible que ni siquiera conteste a todas tus preguntas. Pero cuando lo hayas leído, seguramente habrás aprendido un montón sobre lo que te está pasando, y estarás mucho mejor preparado para afrontarlo.

Hemos intentado tratar todos los temas importantes, pero si todavía te quedan dudas, habla con las personas con las que tengas más confianza.

Los profesores no tienen tiempo de responder a las preguntas de todo el mundo.

Seguro que te ayudarán. Y te darás cuenta de que, si no te da vergüenza preguntarles, a ellos no les importará contestarte.

Todos los cambios por los que estás pasando y por los que pasarás son completamente normales. No hay nada de qué avergonzarse, y por supuesto nada de lo que tener miedo.

No lo olvides. Y recuerda también que no eres el primero en pasar por estos momentos difíciles.

Les pasó a tus padres. Les pasó a tus ídolos. La mayoría de las estrellas de cine han tenido espinillas. Hasta al mejor jugador de fútbol del mundo le preocupaba de pequeño no tener mucho pelo en el pecho. Y algunas mujeres guapísimas fueron un poco feúchas de adolescentes.

Y ya ves que, a pesar de ello, todos salieron adelante perfectamente. Tú también lo harás.

No necesitas tener pelo en el pecho para ser un tipo duro.

¿Por qué cambias?

La razón principal de estos cambios es muy sencilla. La naturaleza te transforma de niño en adulto para que puedas encontrar una pareja y de este modo reproducir la especie humana.

En otras palabras, para que puedas tener tus propios hijos.

El instinto de reproducción es común a todos los seres vivos, desde las pulgas a los elefantes pasando por las flores.

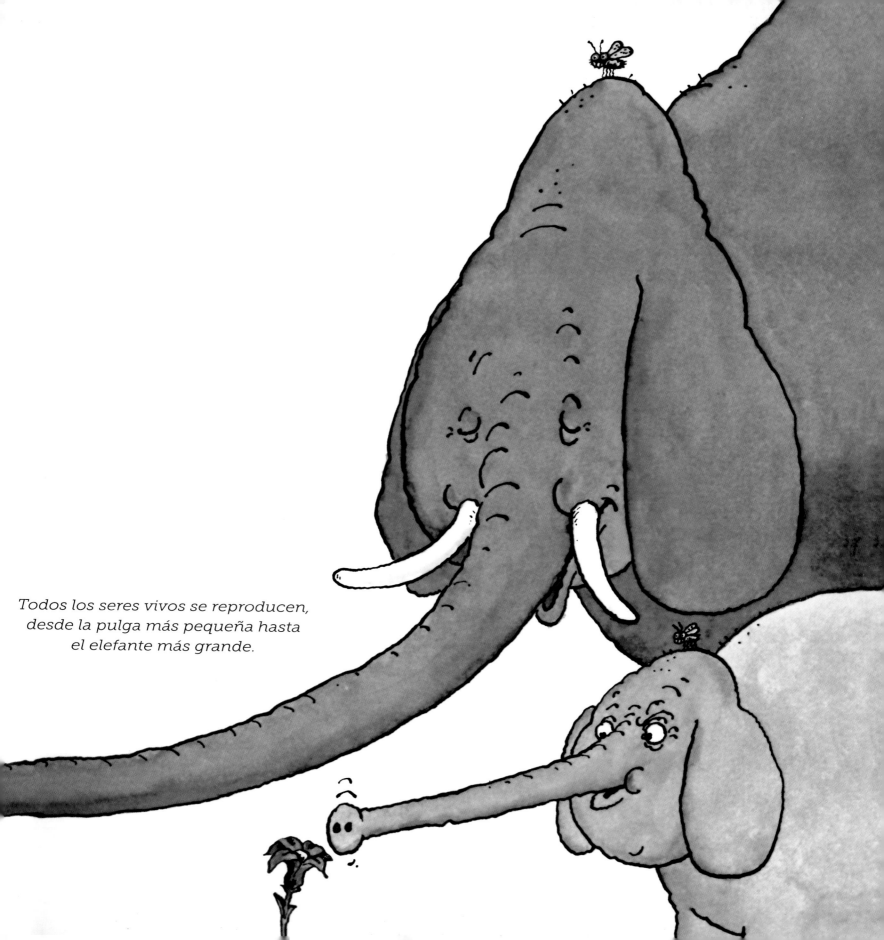

Todos los seres vivos se reproducen, desde la pulga más pequeña hasta el elefante más grande.

Pero la naturaleza estaría muy mal organizada si pudieses empezar a tener hijos con cinco o seis años. (Imagínate, ¡podrías ser abuelo con doce años!)

Por eso la naturaleza espera.

El proceso de cambio empieza entre los diez y los trece años. Esta etapa, llamada pubertad, va a ser muy ajetreada tanto para tu mente como para tu cuerpo. La mayoría de los grandes cambios que van a tener lugar en tu vida empiezan ahora.

¿Una abuela de doce años?
Imposible.

¿Es contagiosa la pubertad?

No, no es ninguna enfermedad. Es el nombre científico del proceso que estamos describiendo: el paso de niño a adulto.

Obviamente, los cambios que experimentan las chicas no son los mismos que los que sufren los chicos.

Para que te hagas una idea más clara, hemos hecho dos tablas.

Antes de verlas ten en cuenta algo muy importante.

Los cambios que experimentan la chica y el chico de los dibujos no te sucederán a ti exactamente a la misma edad. Todos somos diferentes, y crecemos a distintas velocidades.

En algunos de nosotros, los cambios empiezan muy pronto. En otros llegan después. Tú cambiarás en un momento distinto que tus amigos. Eso no significa que seas mejor o peor que ellos. Solo significa que tú eres tú.

Por eso debes usar estas tablas únicamente como guía y no como un calendario.

A menudo, pero no siempre, las chicas crecen antes que los chicos.

Guía para las chicas

8 a 10 años

A no ser que seas muy precoz, la pubertad aún no ha empezado realmente. Todavía no tienes ni pecho ni vello púbico, y la mayoría de chicas de esta edad aún no tienen especial interés por los chicos.

11 a 12 años

Inicio de la pubertad. Tus pechos empiezan a desarrollarse, los pezones comienzan a destacar. El vello púbico hace su aparición y las caderas se ensanchan. Tu voz puede volverse un poco más grave, y puede que tengas ya el primer período.

13 a 14 años

A menudo, esta es la edad a la que empiezas a tener el período de un modo regular. Ya no creces tan deprisa, pero tu cuerpo sigue transformándose. El vello púbico y los pechos siguen creciendo.

15 a 16 años

Ahora tu vida emocional está en plena ebullición y los chicos se han convertido en tu principal centro de interés. Mientras tanto, crecerás en autoestima.

17 a 18 años

Ya no eres una niña, sino toda una mujer. El pecho, el vello púbico y las caderas se han desarrollado. Aunque tu desarrollo emocional continuará, el desarrollo físico ya se ha completado.

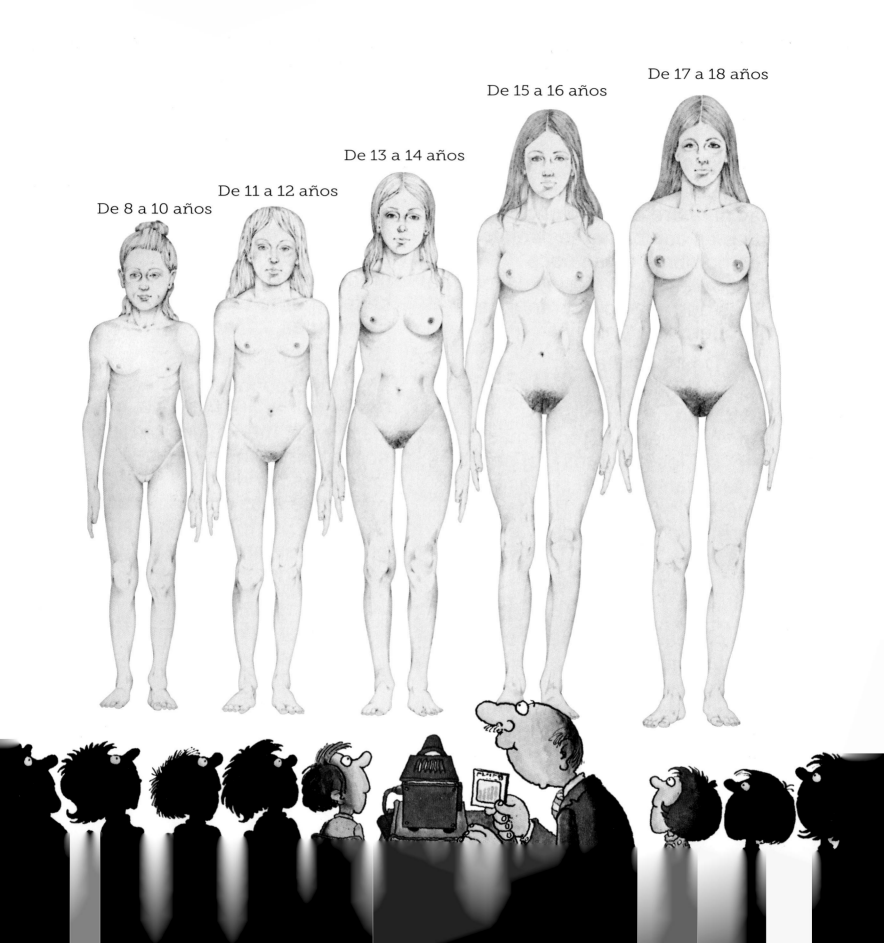

De 8 a 10 años

De 11 a 12 años

De 13 a 14 años

De 15 a 16 años

De 17 a 18 años

Guía para los chicos

8 a 10 años

Como puedes ver, todavía no hay rastro de vello púbico, y el pene aún es bastante pequeño. Los hombros son estrechos y la forma del cuerpo no es muy distinta de la de una chica de tu edad.

11 a 12 años

La hormona de la testosterona empieza a actuar. Creces más rápido, tus hombros y tu pecho ensanchan, y tu pene se hace más largo y grueso. Tu voz puede volverse más grave, pero aún no cambiará del todo.

13 a 14 años

Suelen ser dos años de una gran actividad. La primera aparición del vello púbico, el primer sueño húmedo y el cambio de la voz suelen suceder alrededor de esta edad. Mientras tanto, sigues creciendo muy rápidamente.

15 a 16 años

Por desgracia, esta suele ser la edad de las espinillas. La textura de la piel cambia, y tus glándulas sebáceas producen tanta grasa que seguramente te saldrán algunos granos y puntos negros.

17 a 18 años

Lo más seguro es que ya tengas que afeitarte, si no todos los días, al menos una o dos veces por semana. Tu interés por las chicas puede que se centre ahora en una chica en especial. Físicamente, ya eres un hombre completamente desarrollado.

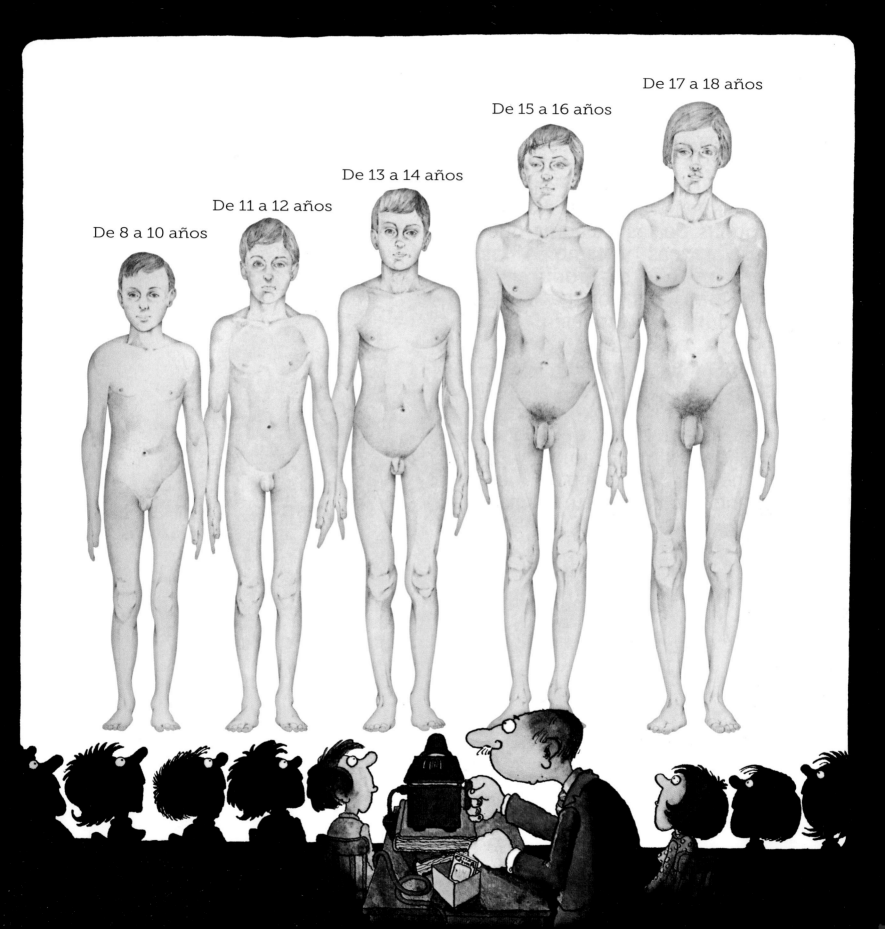

Bien, ahora que le has echado un vistazo a las tablas, estás empezando a comprender lo que te está pasando.

En las páginas siguientes hemos explicado algunas de las palabras y de los cambios. Y lo hemos hecho con preguntas y respuestas, porque nos parece el modo más directo de contarte lo que quieres saber.

Las llamamos «las preguntas más embarazosas del mundo», porque eso es lo que son. (Al menos a nosotros nos lo parecían cuando teníamos tu edad.)

Intenta no tener vergüenza. Estos cambios los sufre todo el mundo.

Pero, en primer lugar, unas palabras sobre tus hormonas

Antes de seguir, es el momento de presentarte a tus hormonas. Se producen en unos órganos del cuerpo llamados glándulas. No pueden verse, así que es difícil describirlas.

Pero son muy importantes. Si no tuvieses glándulas y hormonas, no podrías convertirte en adulto.

Las hormonas de las que hablamos tienen dos sexos, igual que las personas. La hormona del sexo femenino se llama estrógeno. La hormona masculina es la testosterona.

Estas dos hormonas no son por supuesto las únicas que hay en tu cuerpo, pero sí las que debemos recordar porque son las que causan la mayoría de tus cambios físicos.

Y van a estar muy activas durante las siguientes páginas.

La testosterona y el estrógeno son dos hormonas muy activas durante la pubertad.

Las preguntas más embarazosas del mundo

Algunas de estas preguntas solo son relativas a las chicas. Otras a los chicos.

Las hemos puesto juntas porque pensamos que también te gustaría saber qué le ocurre al sexo contrario mientras tú estás pasando por tus propios cambios.

La pubertad es básicamente igual en todos los países del mundo.

«¿Por qué me salen estos bultos en el pecho?»

Si eres una chica, un día te los encontrarás cuando te estés mirando en el espejo: dos bultos bien visibles donde antes no había más que una superficie plana.

(Por cierto, también a veces los pechos de los chicos pueden volverse un poco más grandes y blandos durante la pubertad, aunque eso desaparecerá cuando las hormonas masculinas entren en acción.)

Pero si eres una chica, esos bultos anuncian el nacimiento de tus pechos, y te pueden hacer sentir un poco incómoda hasta que te acostumbres a ellos.

Puede pasarte también que, si se te desarrollan los pechos pronto, alguna de tus amigas se ría de ti. No hagas caso. Esas «bromas» se deben a los celos que pueden tener otras chicas que no se han desarrollado tan rápido como tú.

Así que no te preocupes. Aprenderás que, por varias razones, es maravilloso tener pechos.

En primer lugar, tienen una función muy concreta. Si alguna vez tienes un bebé, tus pechos producirán y almacenarán la leche que será su primer alimento. (Aunque actualmente a muchos bebés no los alimentan así, sino con biberón, la naturaleza nos sigue ofreciendo la leche de las madres.)

Y, además, mucho antes de que empieces a tener bebés, verás cómo los pechos te ayudan a estar más guapa. A los chicos y a los hombres les encantan, y eso es genial. Gracias a tus pechos, entre otras cosas, te diferencias de ellos y por eso les resulta atractiva.

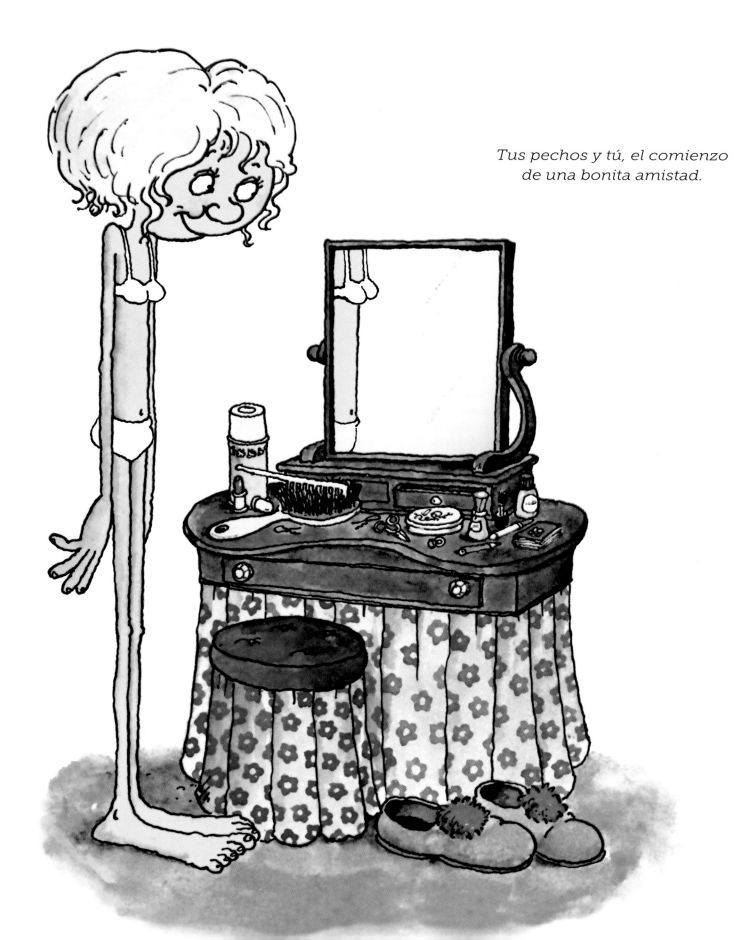

Tus pechos y tú, el comienzo de una bonita amistad.

Te darás cuenta de algo más sobre los pechos. La próxima vez que salgas a la calle, fíjate en todas las mujeres que te encuentres.

Los pechos son de muchas formas y tamaños: grandes, pequeños, altos, bajos, con forma de melón, con forma de pera, en punta, planos, etcétera.

Pero todos los pechos, sea cual sea su forma, tienen un pezón.

El pezón es esa pequeña zona, ligeramente más oscura, que está en el extremo del pecho, y suele ser su parte más sensible. Como es tan sensible, cuando lo tocas o te lo tocan con suavidad puedes experimentar una sensación muy agradable.

Pero esa no es la única razón por la que tienes pezones. La naturaleza los ha colocado para que sirvan de grifos para la leche de los bebés; el pezón es el sitio por el que sale la leche del pecho.

¿Cuándo comienza el desarrollo de los pechos? Puede ser en cualquier momento entre los ocho y los trece años. Pero lo importante no es cuándo, sino tenerlos.

Todos los pechos, sea cual sea su forma o su tamaño, pueden resultar muy atractivos. Los grandes son bonitos, los pequeños también. Los pechos son una parte de tu cuerpo maravillosa y muy útil. Siéntete orgullosa de ellos.

Los pechos, como las mujeres, pueden ser de cualquier forma o tamaño.

«¿Qué es una erección?»

Si eres un chico, hay algo que tienes en común con todos los demás chicos: el pene.

Cuando el pene se pone duro se hace mucho más grande: eso es lo que llamamos erección.

Lo más seguro es que no te acuerdes de tu primera erección. Probablemente sucedió cuando solo tenías unas pocas semanas o meses de vida. Desde entonces, tu pene se lo ha tomado con calma, y solo has tenido erecciones muy de vez en cuando. Pero ahora te darás cuenta de que esto te empieza a pasar cada vez más a menudo.

A veces tienes una erección sin ningún motivo. Otras veces te sucede porque ves a una chica y empiezas a pensar cómo sería tocarla o besarla.

La mayoría de las erecciones, por lo tanto, comienzan en tu cabeza, como consecuencia de algo en lo que estás pensando. Esto produce que una cantidad extra de sangre vaya rápidamente al pene desde otras partes del cuerpo. Y ese es el motivo de que se ponga más duro y más grande.

Te preguntarás por qué toda esa sangre extra va hacia el pene y no, por ejemplo, hacia el dedo gordo del pie.

Bueno, lo que ocurre es que en la zona de alrededor del pene se está desarrollando ahora una intensa actividad, cosas sorprendentes y maravillosas.

Debajo del pene hay una bolsa de piel que contiene los testículos. Hay dos y están siempre muy ocupados produciendo el esperma y la testosterona.

La testosterona, como ya hemos dicho, es la hormona masculina; es la que hace que te crezca el vello púbico y que la voz se haga más grave.

El esperma o semen es el líquido viscoso que transporta los espermatozoides. Y los niños se forman precisamente cuando estos espermatozoides se unen con los óvulos de la mujer.

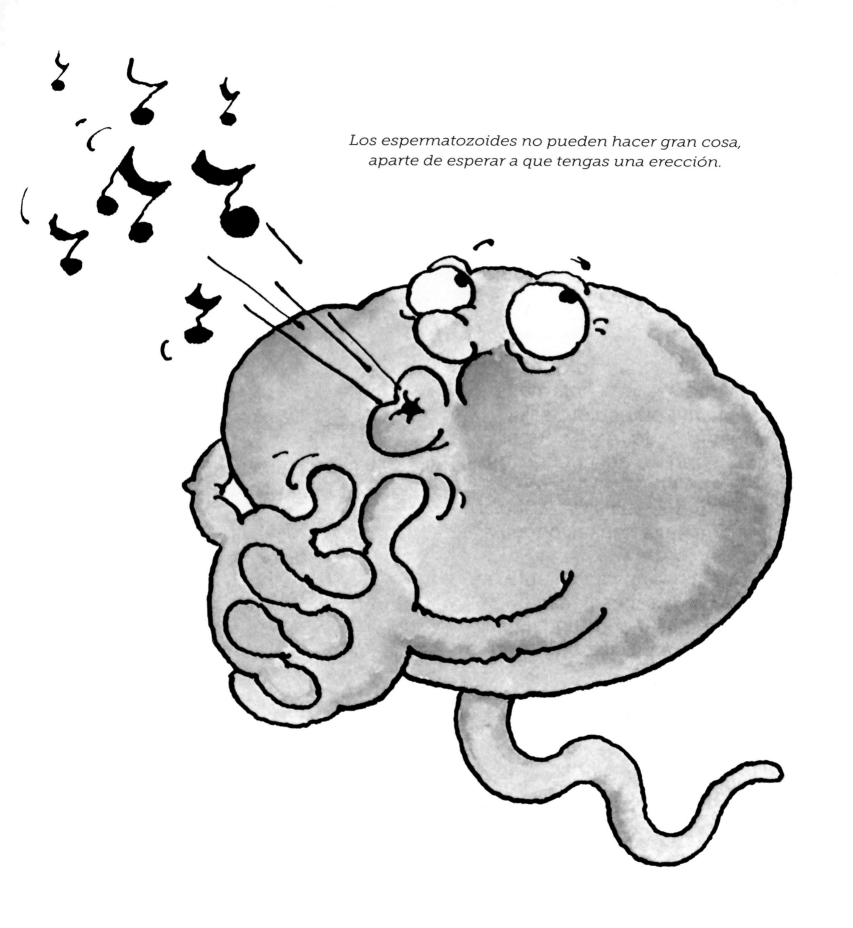

Los espermatozoides no pueden hacer gran cosa, aparte de esperar a que tengas una erección.

El esperma solo tiene una salida: el orificio que hay en el extremo de tu pene. (Cuando el pene está blando, orinas a través de este orificio, pero cuando tienes una erección, es el camino de salida para el semen que transporta los espermatozoides que han llegado desde los testículos por unos tubos internos especiales.) Así que, en realidad, una erección no es más que el aviso de tus espermatozoides diciéndote que quieren salir.

Eso es todo. Es algo normal y natural, y muy pronto descubrirás que la salida del semen (lo que se llama eyacular o «correrse») produce una sensación muy agradable.

Una última palabra acerca de las erecciones. No siempre suceden en el momento más adecuado. Por ejemplo, en la piscina o cuando te levantas en clase.

No te asustes. Intenta pensar en cualquier otra cosa. Cuando tu pene se dé cuenta de que no le haces caso, la erección desaparecerá.

Las erecciones a veces llegan en un momento inoportuno.

«¿Qué es el período?»

El primer período de una chica puede asustarla un poco.

Generalmente viene por primera vez entre los doce y los trece años, y a veces se presenta sin previo aviso. Puede que estés en el cine, o en el colegio, o que una mañana te levantes y te encuentres un poco de sangre entre las piernas. Así de sencillo.

Está claro que, si no sabes con antelación de qué se trata, esto puede dar algo de miedo.

La sangre, por supuesto, viene de dentro de tu cuerpo y sale a través de la vagina. Pero antes de explicar por qué, hay varias cosas importantes que deberías saber sobre el período.

Cuando lo tengas es posible que sientas dolor de tripa, o quizá no. A veces, en los meses anteriores a su primer período, hay chicas que pueden tener dolores abdominales, o que sienten un poco de sueño o se irritan sin motivo. Generalmente, todo ello desaparece como por arte de magia después de haber tenido dos o tres períodos normales.

El doctor Earl M. Cooper de Ottawa, Canadá, nos recuerda que durante el primer año el período suele ser irregular en su frecuencia y duración.

Y añade: «Lo mejor para las chicas es no hacer caso de las advertencias de sus familiares sobre la "maldición", por bien intencionadas que sean, y aceptar las molestias de la menstruación como un pequeño inconveniente propio de la naturaleza del cuerpo humano».

El período es muy necesario para una mujer, y para entender por qué, hay que saber algunas cosas sobre el útero.

El útero es el lugar donde vive el niño los nueve meses durante los que se está desarrollando dentro de tu cuerpo. La mayor parte del tiempo, evidentemente, no tendrás un niño dentro de ti, pero tu cuerpo está preparado, por si acaso.

El primer período es otra señal inequívoca
de que te estás convirtiendo en una mujer.

Cada mes, en tu útero se genera un nuevo revestimiento, preparándolo para poder recibir a un bebé. También produces óvulos, de tamaño microscópico, que esperan a que sus compañeros masculinos, los espermatozoides, los fecunden.

Y todos los meses, el antiguo revestimiento y los óvulos no fertilizados tienen que salir para dejar sitio a los nuevos.

Todo ello sale, como ahora sabes, en forma de sangre por entre tus piernas.

¿Y cómo es posible que no te des cuenta de cuándo las otras mujeres están con el período? Pues porque llevan puesta una compresa o un tampón para absorber la sangre. (El tampón se introduce en la vagina. Es muy práctico y la mayoría de las chicas ni siquiera lo notan.) Una vez que empieces a tener períodos de un modo regular tú también lo usarás; verás que te resulta cómodo y efectivo, y que vas a poder seguir haciendo todo lo que haces, incluso ir a la piscina.

El proceso del período sucede por término medio una vez cada 28 días, aunque varía de una mujer a otra. El nombre más exacto es «ciclo menstrual» y la hemorragia en sí se llama «menstruación» o «regla».

Lo llames como lo llames y tarde lo que tarde en aparecer, puede que quizá te asustes un poco al principio, pero te irás acostumbrando a esos días incómodos cada mes, aunque a veces te sientas un poco deprimida o estés de mal humor.

No hay duda de que el período es más molesto que agradable, pero forma parte esencial del proceso por el cual te conviertes en una mujer. Después de todo, si no tuvieras el período, tampoco podrías tener hijos.

No te preocupes si la menstruación no se presenta justo cada 28 días. La duración del ciclo varía de una mujer a otra.

«¿Por qué mi voz se comporta de un modo tan raro?»

Llega un momento en la vida de todos los chicos en el que su voz empieza a jugarle malas pasadas. Estas malas pasadas se deben a que la laringe y las cuerdas vocales están creciendo, lo cual afecta a la voz y entonces se producen los «gallos».

Esto te pasará alrededor de los trece o catorce años, y durante algunos meses puede que tengas los dos tipos de voz a la vez: la voz de niño, aguda, y la voz de hombre, que es mucho más grave.

El problema es que durante un tiempo nunca estarás seguro del tipo de voz que va a salir cada vez que abras la boca. Incluso puede que vayas de los graves a los agudos (o viceversa) en una misma frase.

Cuando te pase, puede que tengas la sensación de que todo el mundo está pendiente de ti para burlarse si te salen «gallos».

Tranquilo, no es así. Y una vez que tu nueva voz se estabilice, puedes relajarte: nunca más volverá a cambiar, y los días de los «gallos» habrán acabado.

El día que cambies la voz, ya no podrás alcanzar notas musicales tan altas.

«¿Por qué me salen granos?»

Les salen a los chicos y a las chicas. Y tanto si los llamas granos como si los llamas espinillas o acné, te será difícil librarte de ellos.

Es cierto que hay algunos afortunados a los que nunca les saldrá una espinilla en la cara. Pero son los menos. La mayoría de nosotros tendremos que aguantarlas durante un año o dos.

Es una faena por parte de la naturaleza, porque esto normalmente ocurre justo cuando empiezas a interesarte por el sexo. Y ahí estás tú, intentando resultar lo más atractivo posible, cuando de repente te sale un grano.

Sin embargo, por raro que parezca, las espinillas las causa algo que es bueno para la piel.

Cuando tienes trece o catorce años, las hormonas hacen horas extras trabajando en tus glándulas sebáceas.

Son unas glándulas que están en la piel y cuya misión es producir una especie de grasa que mantiene la piel tersa y sana, evitando que se reseque.

Por desgracia, durante este momento concreto de tu vida, las glándulas sebáceas están a pleno rendimiento y producen bastante más grasa de la que la piel necesita.

Esa grasa extra se acumula en unos agujeritos de la piel, los poros, y si también se adhiere allí algo de suciedad, lo siguiente que ocurre es que serás el (poco) orgulloso propietario de una espinilla.

Los granos suelen salir cuando te conviertes en un gran productor de grasa.

¿Qué puedes hacer al respecto? Desgraciadamente, hay poco que hacer ante la sobreproducción de grasa. Una vez que las glándulas sebáceas se han puesto en marcha, es muy difícil detenerlas.

Pero sí hay cosas que puedes hacer para mantener las espinillas a raya, o al menos que desaparezcan lo antes posible:

1. Los nutricionistas recomiendan no tomar demasiados dulces ni helados, y no beber muchos refrescos azucarados. Tu piel ya tiene suficientes grasas y azúcares.

2. Lávate a menudo. Mantén limpia tu piel para evitar que se adhiera la suciedad.

3. Por muy tentador que sea, nunca te revientes una espinilla. Las espinillas reventadas duran más, duelen más, tienen peor aspecto y pueden dejar cicatrices.

Lo único bueno que podemos decir de las espinillas es que acaban por desaparecer. ¿A cuántos adultos has visto con la cara llena de espinillas?

«¿Qué es la masturbación?»

Si de pequeño leíste *¿De dónde venimos?* o algún otro buen libro sobre el tema, ya sabrás algunas cosas sobre el origen de la vida. Si no, ya va siendo el momento de aprenderlas.

La nuestra es una cultura, y en este tipo de civilizaciones el apareamiento se produce tardíamente, de modo que los jóvenes puedan tener más tiempo para educarse.

Eso está muy bien, pero lo que sucede es que tu cuerpo ya está desarrollado para aparearse. Desde el punto de vista físico, ya podrías tener hijos, pero mental y socialmente, todavía no estás preparado.

Para ello, la naturaleza ha encontrado una solución: la masturbación. Los hombres la practican, también las mujeres. Incluso algunos animales. Es un modo de obtener alivio sexual sin tener que relacionarse físicamente con otra persona.

(Tener relaciones sexuales a una edad muy temprana es un error. Si las tienes, lo primero que debes hacer es informarte sobre los métodos anticonceptivos y cómo usarlos. También sobre las enfermedades de transmisión sexual y cómo evitarlas. Tu médico puede informarte muy bien sobre todo ello.)

Oirás todo tipo de cosas raras sobre la masturbación: que te puedes quedar ciego, que te puedes volver loco, o incluso que te puede crecer pelo en la palma de las manos.

Pero nada de eso es verdad.

Se trata de una función absolutamente sana y normal.

La masturbación será tu primera experiencia sexual. A veces se la llama «juego solitario». Las chicas utilizan los dedos para frotar y acariciarse la vagina y el clítoris (una zona pequeña pero muy sensible que está justo a la entrada de la vagina). Los chicos hacen lo mismo con su pene.

Por norma general, esto sucede porque cada vez piensas más en el sexo. Tu imaginación crea escenas que te excitan, crece la tensión sexual, y entonces necesitas con urgencia tocarte y jugar con tus órganos sexuales.

Si te frotas y acaricias durante el tiempo suficiente, tendrás un orgasmo, que es la descarga de la excitación sexual que había estado creciendo dentro de ti. Y es una sensación maravillosa.

No te preocupes. No te pasará nada horrible si te masturbas.

Repetimos: la masturbación es un aspecto normal y sano del crecimiento.

No dejes que nadie te haga sentir culpable. Si es así, sugiéreles que lean *Sexo sin culpa en el siglo XXI,* del doctor Albert Ellis, especialmente el capítulo «Problemas de la masturbación».

Por supuesto, no te estamos recomendando que te estés masturbando continuamente. En primer lugar, tu cuerpo no reaccionaría. Y, como con todas las cosas, si lo haces en exceso acaba por aburrirte.

Pero la masturbación no tiene aspectos negativos ni le hace daño a nadie. Así que disfruta y no te sientas culpable.

«¿Por qué me sale vello?»

A las chicas les empieza a crecer alrededor de los once o los doce años. A los chicos, a los trece o catorce.

El vello te sale en la cara, si eres un chico, en las axilas y entre las piernas. A este último se le llama vello púbico, porque crece en el pubis.

El único problema acerca del vello es que tanto los chicos como las chicas pueden llegar a obsesionarse, pensando que tienen poco o que tienen demasiado.

De hecho, no existe la cantidad perfecta de vello púbico, todos tenemos nuestra «pequeña mata». Y tanto si la tuya es más grande, o más espesa, o más oscura que la de tus amigos, eso no tiene la más mínima importancia.

Sea cual sea su color, o su espesura, el vello púbico puede resultar atractivo para el otro sexo. Actúa como una especie de imán para la estimulación sexual. Está ahí para eso, y también para proteger tus órganos genitales.

Y una última cosa: no te preocupes si el color del vello púbico no coincide con el de tu cabello. A menudo sucede; si ese es tu caso, no pienses que eres raro.

Eso es absolutamente normal, es más, puede hacerte mucho más interesante.

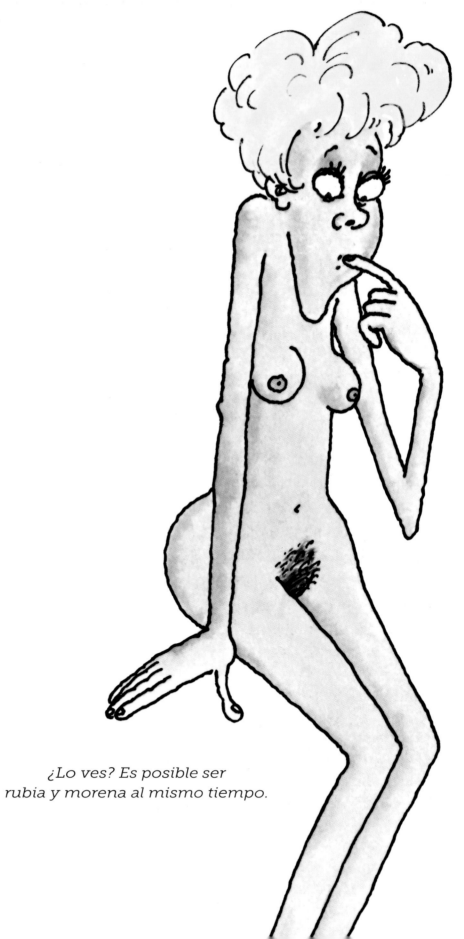

*¿Lo ves? Es posible ser
rubia y morena al mismo tiempo.*

«¿Qué son los sueños húmedos?»

Recordarás que acabamos de hablar de cómo sale el esperma del cuerpo de los chicos. Pues bien, la masturbación es una de las maneras de salir y las «poluciones nocturnas» o «sueños húmedos» son otra.

Los sueños húmedos empiezan alrededor de los trece o catorce años. Y como puede deducirse de su nombre, suceden por la noche, cuando estás dormido.

Llega un momento en que el esperma que has estado produciendo se acumula y necesita salir. Y si no lo has hecho por medio de la masturbación, saldrá disparado por sí mismo cuando estés dormido.

Parece sencillo, pero hay algo más. Para empezar, a no ser que tengas una erección, saldrá muy poco esperma y, como ya sabes, todo esto ocurre mientras estás dormido.

Así que, en primer lugar, tienes una erección nocturna que suele estar provocada por un sueño especialmente agradable.

Quizá sueñes con alguien que conoces o con una foto que has visto en una revista. O a lo mejor sueñas con una sensación agradable que has tenido cuando estabas despierto.

Como resultado, tendrás una erección y un orgasmo, el esperma saldrá disparado y te levantarás con el pijama pegajoso.

Los sueños húmedos solo tienen una cosa mala... y es que no estás despierto para disfrutar de ellos.

(Por cierto, las chicas suelen tener menos sueños húmedos que los chicos, y muchas de ellas ni siquiera los tienen, pero en compensación, una chica puede masturbarse muchas más veces al día que un chico.)

Los sueños húmedos son mucho más agradables que los sueños normales. ¡No es raro que esté sonriendo!

«¿Por qué el mío no es como el suyo?»

Es posible que muchos de vosotros ya lo hayáis hecho y, si tú no lo has hecho aún, adelante. Fíjate en el pene de otros chicos.

Te darás cuenta de que los hay de dos tipos distintos. En unos, la capa externa de piel, el «prepucio», cubre todo el pene. En otros, el prepucio llega hasta un poco antes del final del pene; esto se debe a la circuncisión, una operación quirúrgica menor que suele hacerse cuando se es aún niño. El doctor que la realiza corta ese capuchón de piel, dejando al descubierto el extremo del pene.

Las circuncisiones llevan haciéndose desde hace siglos, y siguen siendo un ritual importante en la religión judía y en muchas otras.

Actualmente, algunos doctores están a favor de la circuncisión por motivos de salud. Otros doctores están en contra, pero la verdad es que no hay ninguna prueba evidente de que una cosa sea mejor que la otra.

Si estás circuncidado, perfecto. Está igual de bien que no estarlo, e incluso puede resultarte útil para la higiene de tu pene. Pero la circuncisión no afecta al tamaño del pene ni nada por el estilo.

Y ahora que estamos hablando del tema de los tamaños, hay un par de cosas interesantes que añadir al respecto.

A pesar de lo que otros chicos puedan decirte, la mayoría de los penes tienen el mismo tamaño cuanto están en erección. En un hombre completamente desarrollado, puede medir entre quince a dieciocho centímetros (aunque siempre puede haber excepciones).

Y luego: hay un mito que dice que cuanto más grande es el pene, mejor. Las mujeres con experiencia te dirán que esto no es así. Para hacer el amor lo que cuenta no es lo grande que sea el pene, sino lo que se hace con él.

Muchos «grandes amantes» tuvieron penes pequeños. Y muchos hombres con el pene más grande de lo normal son un desastre.

El chico de la izquierda está circuncidado. Su amigo no.

Cuando más se nota la diferencia de tamaño entre los penes es cuando no están en erección. Fíjate la próxima vez que estés en el cuarto de baño con otros chicos.

Pero estas diferencias pueden ser muy engañosas porque cuanto más grande sea el pene cuando no está en erección, menos crecerá cuanto esté erecto, y viceversa. Hay que fijarse en el tamaño del pene cuando está erecto y, como hemos dicho, la mayoría de los penes tienen más o menos el mismo tamaño en ese estado.

Asimismo, es interesante saber que las chicas también son, en ese sentido, diferentes entre sí. La vagina puede estar situada más arriba o más abajo. El vello púbico puede tener forma de diamante o de corazón. El clítoris puede sobresalir un poco, o puede estar recubierto por un trocito de piel.

En definitiva, con las vaginas pasa lo mismo que con los penes: pueden tener formas diferentes, pero todas pueden por igual proporcionar y recibir placer.

«¿Qué ocurre después?»

Esperamos haber aclarado tus dudas más importantes. Si hemos dejado alguna pregunta sin responder, no tengas miedo de hacérsela a alguien en quien confíes. Y no olvides que lo que te está pasando constituye una de las experiencias más importantes de tu vida.

Una vez que hayas superado la pubertad, tendrás una recompensa: comenzará una de las etapas más felices de tu vida.

Lo más maravilloso que te puede suceder va a tener lugar durante estos próximos años: encontrarás a alguien y te enamorarás.

Y el sexo también juega un papel importante en el enamoramiento. Si amor y sexo van unidos, experimentarás uno de los sentimientos más increíbles del mundo.

Disfruta de ello. Cuídate mucho. Y buena suerte.

Y de este modo le decimos adiós a la pubertad.

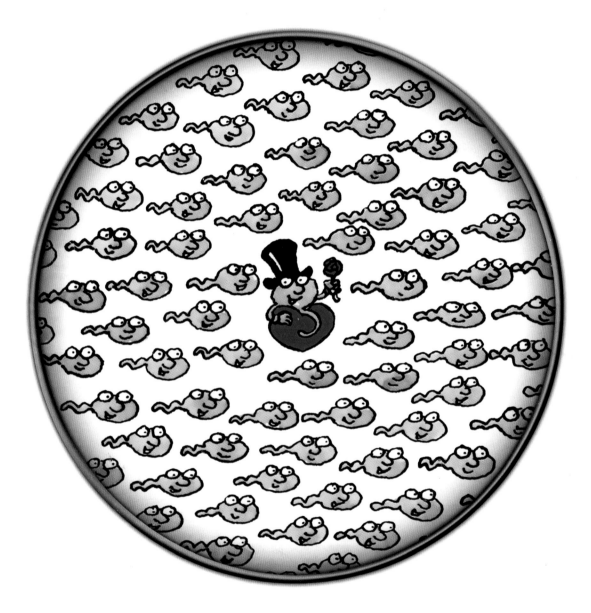